AF316976

ÉLOGE FUNÈBRE

DE

SAMUEL DREYFUS

RABBIN DE MULHOUSE

prononcé lors de son enterrement, le Vendredi 27 Mai 1870

PAR

ISAAC LÉVY

Grand-Rabbin du Haut-Rhin

Prix : 50 centimes.

MULHOUSE

IMPRIMERIE G. BRUNSCHWIG

1870

MES FRÈRES,

On ne prononçait pas autrefois d'oraison funèbre dans
l'après-midi de la veille du Sabbat, et cela se comprenait. Les anciens orateurs s'efforçaient de faire couler les
pleurs; ils disaient des paroles qui brisaient et déchi-
raient l'âme *debarim hameschabrim es haleb*, afin que
tous les yeux fondissent en larmes.

Il était donc naturel qu'à l'approche du Sabbat on
interdît ces discours qui devaient faire naître dans l'âme
des auditeurs des émotions douloureuses dont le résultat
eût été de troubler la sainte joie que l'Israélite doit
éprouver quand il célèbre le jour du repos.

Mais nous pouvons, en nous interdisant sévèrement ce
qui serait de nature à impressionner trop vivement ceux
qui viennent d'être si cruellement frappés dans leurs
affections, rappeler au moins les éminentes qualités qui
distinguaient le vertueux pasteur qui a été si longtemps
à la tête de votre communauté et dont tous vous déplo-
rez la perte, le serviteur de Dieu que nous, ses collègues, nous vénérions et nous aimions.

Je m'efforcerai d'imposer silence à mon cœur; j'étouf-
ferai les sentiments pénibles que j'éprouve devant une
tombe trop tôt ouverte; j'oublierai ce lugubre appareil,
ces chants funèbres qui viennent de retentir; j'essaierai
de ne pas voir la tristesse peinte sur vos visages, les
larmes qui brillent dans vos yeux. Non, fils désolés, frères
et neveux éplorés, je n'augmenterai pas par mes
paroles votre affliction si grande et si légitime. Non, mes
auditeurs bien-aimés, je n'insisterai pas aujourd'hui sur

les austères enseignements que nous donne le spectacle
de la mort ; je veux seulement rendre hommage aux
vertus de celui qui nous quitte pour aller habiter des
régions meilleures ; je veux rappeler devant vous son
goût si vif pour la science, son activité littéraire et pas-
torale, son amour sincère et ardent du progrès, sa
modestie, sa bonté.

La science, Samuel Dreyfus s'y adonna de bonne
heure ; il lui voua sa jeunesse ; il alla la demander à des
maîtres renommés ; il la chercha jusqu'au delà des fron-
tières de notre pays.

Avec quelle infatigable ardeur il s'y livra ; avec quel
amour, quel feu, quelle passion, il la cultiva, ils le
savent ceux de nos collègues qui ont été ses condisci-
ples, et ils aiment à le redire. Aussi il acquit des connais-
sances théologiques nombreuses et variées, une érudi-
tion vaste et sûre qui fut admirée autrefois, qui est
encore aujourd'hui reconnue et vantée.

Mais la littérature rabbinique ne l'absorba pas tout
entier. Dès son entrée dans le saint ministère, il voulut
répandre la connaissance de l'idiome sacré, de l'admi-
rable langue dont se servirent les prophètes et les chan-
tres des Psaumes. Et quoiqu'il soit difficile d'enseigner
à la jeunesse une langue qu'on ne parle plus, de lui en
apprendre les règles, de lui en expliquer le mécanisme,
ces difficultés n'arrêtèrent pas le jeune rabbin de
Mulhouse. Il les surmonta avec bonheur et il composa
une grammaire hébraïque qui obtint un grand succès
lors de son apparition et dont la réputation dure encore.

Après ce premier effort son activité ne se ralentit pas.
Il collabora à nos journaux religieux et fonda plus tard
lui-même une feuille populaire destinée à favoriser les
intérêts religieux et moraux des Israélites français.

Votre vénéré pasteur comprenait le rôle et l'importance de la presse israélite. Il savait que par elle devaient être vaincus les préjugés qui ont cours contre nos croyances et qui, en effet, depuis qu'on écrit parmi nous, vont diminuant de jour en jour ; il savait que grâce à elle on pourrait faire connaître la beauté, la sublimité de nos dogmes, que par elle on battrait en brèche l'intolérance et le fanatisme qui veillent toujours et qui aujourd'hui encore dans quelques pays s'opposent à l'émancipation de nos coréligionnaires. Il savait que par elle on éveillerait en faveur de ceux qui souffrent encore pour leur foi la sollicitude de leurs frères plus heureux ; qu'elle servirait à combattre les abus qui se sont glissés dans la célébration de notre culte, et à réclamer énergiquement les améliorations dont nos cérémonies sont susceptibles.

Telle devait être, selon Samuel Dreyfus, la mission du journaliste israélite, et cette mission il l'a remplie avec un zèle, un courage et un talent qu'on ne saurait trop louer. Le recueil qu'il dirigeait faisait honneur à l'Alsace israélite, et sa disparition a laissé un vide que nous regrettons de ne pas voir comblé.

Les soins multiples qu'exigeait une pareille publication, le travail qu'elle lui imposait ne le détournèrent pas cependant de ses devoirs envers la communauté dont les destinées spirituelles lui étaient confiées. Avec quelle exactitude il remplissait ces devoirs, avec quelle tendre sollicitude il s'occupait des intérêts de votre grande communauté, vous le savez, vous tous qu'il a instruits par sa parole, qu'il a guidés par ses conseils, qu'il a consolés quand l'affliction vous visitait ; vous le savez vous, jeunes générations qui avez puisé dans son enseignement l'amour de notre religion et des vertus qu'elle prescrit. Ils le savent aussi ces élèves de l'Ecole d'arts et métiers qu'il fortifiait et encourageait dans leur dessein de se procurer par le travail une existence honorable; ils le savent ces vieillards et ces malades qui, dans l'asile que vous leur avez ouvert, recevaient fréquemment sa visite et auxquels il apportait des paroles d'espérance et de consolation. Ils le savent encore ces infortunés qu'il a secourus, dont il a soulagé la misère et séché les larmes, ces malheureux que la pauvreté avait chassés de leur patrie et qui, sur la terre étrangère, étaient heureux de trouver une âme qui voulût bien compatir à leur triste sort. Ah si vous tous vous pouviez parler ici, combien mes éloges pâliraient devant les vôtres, que d'éloquents témoignages de reconnaissance jailliraient de vos cœurs où celui qui nous quitte s'est élevé un monument impérissable! Mais votre douleur parle pour vous, les pleurs que vous répandez prouvent que vous sentez bien toute l'étendue de la perte que vous faites. Vos larmes se mêlent à celles que versent les enfants de votre bien-aimé pasteur, car vous aussi, car vous tous, vous perdez en lui un père plein de tendresse et d'amour.

Oui, il aimait votre communauté comme un père aime les fruits de ses entrailles. Sa prospérité le préoccupait sans cesse. Il a voulu faire d'elle, et il a réussi dans son dessein, il a voulu faire d'elle une des plus illustres de notre pays.

Il a été un des fondateurs de votre Ecole d'arts et métiers, de cette magnifique institution qui vous a élevés si haut dans l'estime de vos coréligionnaires et de vos concitoyens.

Je ne sais pas quelle est sa part dans la fondation et l'organisation de cet autre établissement de bienfaisance où de pauvres malades viennent chercher la guérison de leurs maux, où des vieillards et des infirmes sans ressources trouvent un refuge assuré pour leurs derniers jours. Mais j'ai le droit de croire que sa parole ardente

et convaincue, a sinon éveillé, du moins fortifié les sentiments charitables qui vous animent et qui font de votre
Communauté une des plus généreuses que nous connais-
sions.

Et ce beau temple dans lequel nous nous trouvons et
dans lequel nous lui rendons maintenant les derniers
honneurs ne lui doit-il rien? N'a-t-il pas puissamment
contribué à son érection? N'a-t-il pas réglé les cérémonies qui s'y accomplissent de façon à ce qu'elles soient
célébrées avec éclat et pompe?

Ah! il comprenait bien que le temple où l'Israélite
devenu, grâce aux lumières du siècle, l'égal de ses concitoyens, vient librement exercer son culte, ne saurait
ressembler à celui où nos pères, courbés sous l'oppres-
sion, venaient gémir sur leur infortune et épancher dans
le sein de Dieu l'amertume dont on abreuvait leur âme.
Il comprenait bien qu'à une époque où l'adoration de la
matière cherche à s'imposer à tous, il faut, pour combattre cet ennemi puissant, pour entretenir le sentiment
religieux, parler au cœur et à l'esprit des fidèles, et
recourir à des mesures nouvelles pour exciter leur
ferveur.

Aussi Samuel Dreyfus était-il partisan des réformes
liturgiques qui sont discutées chez nous depuis plusieurs
années et qui commencent à s'exécuter aujourd'hui.

Pendant quelque temps il hésitait à se prononcer. Ces
hésitations nous les comprenons. On ne rompt pas sans
un douloureux effort avec d'anciennes et respectables
traditions; on ne se décide pas sans peine à adopter des
innovations que des hommes sincères et bien intention-
nés sans doute, mais trop timorés, considèrent comme
dangereuses. Mais quand le pieux ministre du culte que
nous allons accompagner à sa demeure dernière eut
longtemps réfléchi et médité; quand il eut tout pesé et

tout considéré ; quand il se fut convaincu que la religion ne saurait rester stationnaire lorsque tout marche et progresse autour d'elle ; quand il se fut convaincu que si le judaïsme n'a jamais varié dans ses principes essentiels, la célébration du culte a pourtant changé plus d'une fois de forme ; quand il fut bien persuadé que les améliorations proposées, en assurant à la parole un rôle plus actif et plus considérable que celui qu'elle a joué jusqu'à présent dans nos offices, devaient faire circuler un sang nouveau dans les veines du judaïsme et lui infuser une vie nouvelle ; oh alors, mes frères, il se rallia franchement et complétement à nos idées ; il les défendit avec énergie et il devint un des champions les plus ardents et les plus dévoués de la cause à laquelle j'ai l'honneur d'appartenir, de la sainte cause du progrès religieux.

La communauté d'idées qui existait entre votre regretté pasteur et moi qui vous parle, me faisait éprouver pour lui une vive sympathie ; elle formait entre nous un lien que la mort est venue briser trop tôt et qui explique et justifie les regrets que j'éprouve au moment où je vais me séparer pour toujours d'un collègue dont les pensées s'accordaient si bien avec les miennes.

Mais ce n'était pas là la seule raison qui me le faisait aimer. Ce que je prisais encore en lui c'était sa modestie et son affabilité. Il m'en a donné de touchants témoignages quand je fus appelé au poste élevé qu'on a bien voulu me confier. Lui qui avait déjà rendu de signalés services au judaïsme quand moi je ne pouvais encore que l'admirer de loin et aspirer un jour à devenir son émule, il m'écrivit une lettre flatteuse que je conserverai toujours comme un souvenir précieux et comme une marque éclatante de sa modestie. Il voulut aussi, quoiqu'atteint déjà par la maladie qui l'a emporté, assister à mon installation, et il m'a donné ainsi une preuve d'affection qui me toucha vivement et dont je me souviens en cet instant avec une profonde émotion.

Ce qu'on aimait encore en lui, c'était cette bonté qui apparaissait dans son empressement à obliger tous ceux qui avaient recours à lui.

La bonté, mes chers auditeurs, n'est pas une de ces qualités brillantes qui attirent l'attention de la foule; les actes qu'elle inspire ne frappent pas toujours par leur éclat; ils sont souvent ignorés.

Mais quand le secret dont cette vertu aime à s'entourer se divulgue, quand les voiles dont elle se couvre se soulèvent, quand apparaissent les œuvres qu'elle a fait accomplir, alors nous nous inclinons respectueusement devant elle; nous lui rendons l'hommage qui lui est dû; nous disons comme ce pieux rabbin dont parle le 2ᵉ chapitre du *Traité des principes* : que la qualité qu'il faut estimer le plus c'est la bonté du cœur *eisehou derech toba scheydbak ba haadam, R. Eleazar omer : schon leb tob*, et comme le maître de ce jeune docteur, nous ajoutons que tout est là, que la bonté est la vertu par excellence, celle qui comprend toutes les autres

Votre regretté pasteur a sans doute médité souvent cette belle sentence, et il y a conformé sa conduite. Aussi son souvenir vivra dans nos cœurs. Il n'est pas mort pour nous, car les justes, dit le Talmud, sont encore réputés vivants même après qu'ils ont payé leur tribut à la nature *zadikim bemithatham kerouim chayim.*

Pour le rappeler à notre mémoire, nous n'aurons pas besoin de voir la pierre sur laquelle on gravera ses vertus. Il n'est pas nécessaire d'élever des monuments aux hommes de bien, dit encore le Talmud, leurs œuvres éternisent leur mémoire *en osin nefachot lazadikim, dibrehem hem sichronem.*

Non, nous ne t'oublierons jamais, bien-aimé collègue;

ton nom sera toujours vénéré et béni au milieu de nous, car tu as bien mérité de ta Communauté, tu as bien mérité du judaïsme, tu as bien mérité de l'humanité.

La foule qui se presse dans cette enceinte et qui est accourue ici pour t'adresser un suprême adieu, cette foule dans laquelle se confondent les citoyens de tous les rangs et de tous les cultes et dans laquelle j'aperçois les représentants les plus élevés de l'autorité, montre par sa présence dans ce temple que tu avais su conquérir l'estime et l'affection de cette cité dans laquelle tu as passé la plus grande partie de ton existence.

Pendant ta longue et cruelle maladie ce qui te pesait le plus c'était l'inaction forcée dans laquelle tu avais dû te renfermer; tu souffrais de ne plus pouvoir déployer cette féconde activité dont tu faisais preuve autrefois; tu craignais de n'avoir pas assez bien rempli les saintes fonctions qui t'étaient confiées. Eh bien, je le déclare ici devant ce cercueil qui renferme tes restes mortels; je le déclare, au nom de cette Communauté que tu as tant aimée et qui, elle aussi, t'avait voué une affection si profonde; je le déclare, au nom de la religion dont tu as été un des ministres les plus capables et les plus fidèles; au nom de tes collègues qui sont réunis autour de toi et dont je suis ici l'organe; je le déclare solennellement : tu as accompli tes obligations avec zèle et conscience.

Va donc en paix, serviteur dévoué de Dieu, va recevoir auprès de celui auquel tu avais consacré ta vie entière, va recevoir une récompense proportionnée à ton mérite. Et puissions-nous, nous tous qui sommes venus ici te rendre un dernier hommage, comprendre et remplir notre destination comme tu as compris et rempli la tienne; et puisse notre âme être admise un jour, comme la tienne l'est certainement à cette heure, à jouir des ineffables délices que Dieu réserve à ses élus. *Amen!*

DU MÊME :

Défense du Judaïsme, 1 vol. in-8º . . . . . . fr. 3 —
Isaïe ou le Travail, 2ᵉ édit., 1 vol. in-8º. . . . » 1 —
Les Veillées du Vendredi, 2ᵉ édit., 1 vol. in-12 » 1 25
Récits bibliques, 1ʳᵉ série, 1 vol. in-18 . . . . . » 1 25
Histoire sainte complète, 1 fort vol., in-18 . . » 1 25

POUR PARAITRE PROCHAINEMENT

LES RÉCRÉATIONS ISRAÉLITES, 1 vol. in-12.

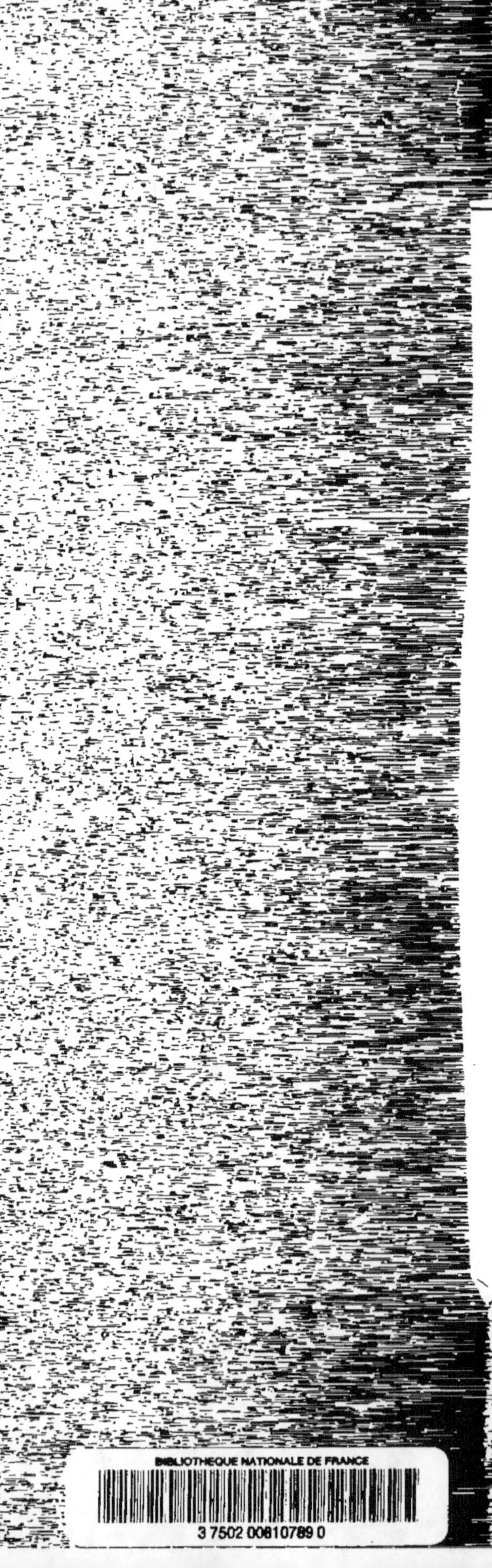